中美贸易战十评

人民日报评论员

人民出版社

组　　稿：张振明

责任编辑：刘敬文

图书在版编目（CIP）数据

中美贸易战十评/人民日报评论员 著. —北京：人民出版社，2018.7

ISBN 978 - 7 - 01 - 019631 - 2

Ⅰ.①中…　Ⅱ.①人…　Ⅲ.①中美关系-双边贸易-贸易战-研究

　Ⅳ.①F752.771.2

中国版本图书馆 CIP 数据核字（2018）第 167282 号

中美贸易战十评

ZHONGMEI MAOYI ZHAN SHIPING

人民日报评论员

人民出版社 出版发行

（100706　北京市东城区隆福寺街 99 号）

北京中科印刷有限公司印刷　新华书店经销

2018 年 7 月第 1 版　2018 年 7 月北京第 1 次印刷

开本：710 毫米×1000 毫米 1/16　印张：2.5

字数：23 千字

ISBN 978 - 7 - 01 - 019631 - 2　定价：8.00 元

邮购地址 100706　北京市东城区隆福寺街 99 号

人民东方图书销售中心　电话（010）65250042　65289539

出 版 前 言

2018 年 7 月 6 日至 15 日,《人民日报》围绕中美贸易战连续刊发了十篇评论员文章,这些文章对相关问题作了较为系统、深入、精准的阐述和剖析。为帮助广大党员干部群众客观、全面地了解中美贸易战的背景、现状与发展趋势,正确认识相关问题,我们特将上述文章汇编成册,以《中美贸易战十评》之名出版,以方便广大读者阅读。

人民出版社
2018 年 7 月

目　　录

一、"美国贸易吃亏论"当休矣

人民日报评论员

近日,美国政府多次对世界贸易组织表示不满,威胁要"退群",宣称美国在贸易等方面受到不公平待遇,美国吃亏了。值得注意的是,这种所谓"美国贸易吃亏论",正在成为美方无端发动贸易战的由头。一个当今世界综合实力最强的发达国家,竟堂而皇之大讲自己在国际贸易中受到欺负、吃了大亏,这实在是令世人大跌眼镜的咄咄怪事。

吃不吃亏,要看规则谁制定。众所周知,美国主导创立了二战后国际经济、贸易、金融体制,并在此后几十年牢牢掌控国际经贸规则的创设权和修订权。从关贸总协定到世贸组织成立,从布雷顿森林体系到国际货币体系的变革,美国始终是国际经贸规则的缔造者、全球经济秩序的主导者,占据引领地位。一位"裁判员"会制定一套"让自己吃亏"的比赛规则,不管是谁,说破了天恐怕也难以让人信服。在通过制定规则维护自身优势方面,美国可是一刻没闲着。近年来,美国通过频繁调整、升级国际贸易和投资规则,维护核心竞争力,为自身"量体裁衣",制定更符合美国利益的国际经贸新规则,延续其"先发优势",确保全球经济治理体系始终朝着有利于美国的方向演进。

吃不吃亏,要看获利有多少。规则制定者往往是最大受益者,对此感受有多深,美国自己心知肚明。美国成为二战后全球综合实力最强的国家并非偶然,其在主导国际经贸规则构建过程中,恣意享受着经济全球化带来的制度福利,通过在全球配置资源,不断提升、巩固其经济霸主地位,进而成为多边经贸体制和经济全球化的最大赢家。在经贸领域,美国是主要贸易强国,去年货物贸易额3.89万亿美元,服务贸易额1.31万亿美元,分别居全球第二和第一位;在金融领域,美元占全球外汇储备的62%,其特殊地位使得美国能够通过发行美元,向全世界收取"铸币税",获得巨大经济利益;在能源领域,美国2009年成为全球最大天然气生产国,2013年取代沙特成为全球最大石油生产国。不仅如此,美国资本在全世界"薅羊毛",获得丰厚回报;美国廉价进口大量发展中国家的优质商品,提高民众福利;美元被各国大量储备,为美国分担了通胀风险;美国凭借全球领先技术,赚取超额垄断利润;美国企业占据价值链高端和高附加值环节,坐享经济全球化红利。一边端着全球化"饭碗"尽享美味,一边大声嚷嚷多边贸易体制对自己不公平,"吃亏论"彻底暴露了美国一味谋求利益最大化、在国际交往中占了大便宜还嫌不够的贪相。

退一万步说,即便美国在国际经贸中确有不爽之处,那也要看看"亏"到底吃到了谁的身上、跟美国过不去的到底是别国还是美国自己。在一味指责别国不遵守贸易规则的同时,美国严重扭曲市场竞争、阻碍公平贸易、损害全球产业链的政策和行为比比皆是,也正是这些政策和行为破坏了以规则为基础的多边贸易体系。在市场竞争方面,美国提供巨额补贴扶持产业发展,造成相关行业产能过剩甚至垄断格局;在对外采购方面,美国政府设置大量歧视性条件,阻碍他国优质产品向美国市场的自由流通,使他国企业在美遭受不公平待遇;在贸易壁垒方面,美国这边强调对他国贸易存在巨额逆差,那边又实施严格的出口管制;在投资审查方面,美国滥用国家安全概念,收紧投资审查,阻碍了要素自由流动,损害了投资便利化;在知识产权方面,美国是全球访问盗版站点次数最多的国家,却长期无视自身知识产权保护的漏洞。

联系到美国一段时间以来四面出击、大打贸易战的现实做法,明眼人都看得出来,所谓的"吃亏论",远非打打悲情牌、过过嘴瘾那么简单。美国"为赋新词强说愁"背后是有大文章要做的。说白了就是要制造所谓的理论依据,为其贸易保护主义行径造势。

有诉求,想有所改变,这都无可厚非。关键是要调整好心态,端正姿态。自以为制造个"吃亏论"就能让子虚乌有的问题变成现实存在,或漫天要价甚至强行出手就能让他国俯首帖耳,实在是过于天真。当今世界,国际贸易讲究的是公平,强买强卖行不通了。国际贸易规则是现成的,多边对话平台也一直存在,任性挥舞贸易保护大棒,搅得世界不安宁,美国自己也难有好日子。

让世界经济的大海退回到一个一个孤立的小湖泊、小河流,是不可能的,也不符合历史潮流。国际贸易总要接着做下去,这一点美国比谁都清楚。"美国贸易吃亏论"当休矣!

(《人民日报》2018年7月6日)

二、美国贸易霸凌主义贻害全球

人民日报评论员

7月6日,注定要在国际贸易史上留下浓重的一笔。美国违反世贸规则,发动迄今为止规模最大的贸易战,对340亿美元中国产品强行加征25%的关税。这动摇不了中国经济发展根基,削弱不了中国人民实现"两个一百年"奋斗目标的信心和底气,也必定遭到应有的反击。然而,美国无理要横之举所夹带的贸易霸凌主义却是贻害无穷,既有损中美两国企业和人民的利益,也严重威胁着全球自由贸易和多边体制,阻碍世界经济复苏步伐。

中国是世界第二大经济体,中美两国经济深度交融,美国对自己的第一大贸易伙伴国都敢撕破脸大打出手,跟其他贸易伙伴国在解决所谓美国"吃亏"问题时,华盛顿还会有什么顾忌呢?一旦这种贸易霸凌主义得寸进尺、大行其道,国际贸易还有什么公平公正可言?

美国由着性子提高关税保护国内产业只能是一厢情愿、死路一条。经合组织预计,如果美国率先提高关税引发他国反制,最终将导致全球贸易成本上涨 10%,全球贸易量减少 6%。美国智库布鲁金斯学会的研究则表明,如果全球爆发严重贸易战,即关税增加 40%,全球经济将重现上世纪 30 年代的大萧条。经济全球化为世界经济增长提供了强劲动力,促进了商品和资本流动、科技和文明进步、各国人民交往,是社会生产力发展的客观要求和科技进步的必然结果,也是不可阻挡的时代潮流。

"吹灭别人的灯,会烧掉自己的胡子。"美国贸易霸凌主义严重损害贸易自由化便利化,既是在向全世界开火,也是在向自己开火。国际贸易是以互利共赢为基础的,强买强卖、使诈利诱、恐吓威胁,都是对自由贸易的扭曲,违背市场规律,也将导致全球范围的资源错配,最终损人害己。美国的贸易霸凌主义行径,正在严重危害全球产业链和价值链安全,引发全球市场动荡,还将波及全球更多无辜的跨国公司、一般企业和普通消费者,不但无助还将有损于美国企业和人民利益。数据显示,美方公布的对 340 亿美元中国产品加征关税清单中,有约 200 亿美元产品由在华外企生产,美国企业占有相当比例。美国商会日前发布报告称,美国政府对进口商品加征关税其实是对美国消费者和企业征税,将威胁美国整体经济复苏,影响美国就业。

事到如今,美方必须认清一个现实,任何贸易保护主义大棒,都吓不着、难不倒中国,勤劳智慧勇敢的中国人民向来不惧怕任何外部压力,在站起来、富起来、强起来的历史进程中，我们演绎了一个个化压力为动力、把自己的事情办得更好的精彩故事。白宫不会不记得，半个多世纪前，饱经战争创伤、百废待兴的中国就掷地有声说出"封锁吧，封锁十年八年，中国的一切问题都解决了。"今天，以雄厚的发展实力和强大的道义感召力走近世界舞台中央的中国，会容忍美国贸易霸凌主义，损害国家核心利益和人民群众利益，作出无原则的退让？更何况作为一个负责任大国，中国清醒地认识到，打赢跟美国的这场贸易战，让美国实实在在地明白，贸易霸凌主义没有出路和未来，也是在捍卫国际经贸秩序，为全球发展撑起一片天。"以战止战，虽战可也。"不吃点苦头，利令智昏者是难以清醒过来、找回基本现实感的。

世界潮流浩浩荡荡，顺之者昌，逆之者亡。中国推进改革开放，是基于自身发展需要的主动作为，过去不是、现在没有、将来也不会受制于人、任由摆布。无论外界环境如何变化，中国都将按照既定节奏，坚持以人民为中心，坚定不移地深化改革、扩大开放，并与世界各国一道，坚决维护稳定和可预期的全球经贸环境。

贸易霸凌主义永远休想得逞！

（《人民日报》2018 年 7 月 7 日）

三、美国贸易盲动症注定引火烧身

人民日报评论员

"这一天或许会成为一个经济史上臭名昭著的日子。"7月6日,美国政府对华340亿美元商品加征关税的非理性举措立即遭到国际舆论抨击,就连美国众多有影响力的媒体也是一片责难之声。公道自在人心,白宫逞一时之"勇"发动贸易战,不仅冲击正常国际贸易、扰乱全球经济,还将严重损害美国自身利益。

近段时间,美国将关税大棒奉若神明,予取予求、唯我独尊。让美国贸易盲动症日渐加重的原因很复杂,但有一件事是明摆着的,那就是某些人公然漠视"贸易战是把双刃剑"这样一个再浅显不过的道理,仿佛由美国次贷危机演化成的国际金融危机不曾有过,仿佛苦苦挣扎多年才走向复苏早已是几个世纪前的旧事,仿佛美国经济真的炼就了任凭国际大环境冲击的金刚不坏之身。不管是因为经济学常识缺失,还是揣着明白装糊涂,当今世界头号经济体如此行事,引发人们对全球经济前景担忧的同时,也把一个更深层面的问题提了出来:如果一家店铺里真的都是不堪一击的精美瓷器,鲁莽闯入的大象将创作出怎样一幅画面?好在地球村不是店铺,国际力量对比也没有失衡到让哪个国家可以像瓷器店里的大象那样无所顾忌、横冲直撞。

即便在美国国内,对白宫贸易盲动症的质疑也是有力的,对引火烧身的担忧也是真切的。从哈雷—戴维森摩托车公司"逃离行动",到通用汽车公司的收缩计划,白宫对外发动贸易战以重振国内制造业和保护国内就业的所谓初衷被打上一个个大大的问号。

美国的企业急了——"这会给像我们公司一样的美国中小企业带来沉重打击"。贸易战不仅将阻隔供应链高效整合,还将推高产品价格、抑制企业投资,无异于在企业内部竖起一堵"墙"。美国信息技术创新基金会的研究报告显示,如果对从中国进口的信息和通讯技术产品加征25%关税,将导致美国经济未来10年损失约3320亿美元。

美国的民众焦虑了——"说实话,我的工作是中国人给的"。美国全国对外贸易理事会统计,为反制美国关税举措,目前美国主要贸易伙伴已准备了约900亿美元关税清单,这将令数百万美国就业岗位受到威胁。

美国的农民不干了——"我们需要继续同中国做生意,而不被这些关税措施所干扰"。贸易战开打后,每吨贵了约600元人民币的美国大豆失去价格优势,在中国市场难寻买主。美国大豆协会预计,贸易战将使今年美国大豆产值减少 60 亿美元。

贸易战没有赢家。当下，华盛顿一些人甚至公然鼓噪"贸易战很好，而且很容易赢"。这既是对美国历史的无知，也是对民众利益的无视。单边关税策略在美国历史上从未成功过，反而造成就业损失等不利后果：2002 年，美国政府对进口钢铁产品加征关税，导致美国净损失约 20 万个就业岗位；2009 年，美国政府对从中国进口轮胎加征关税，导致美国净损失约 2500 个就业岗位、消费者增加 11 亿美元开支。更早之前的 1930 年，美国大幅提升进口商品关税，招致许多国家的报复性关税措施，美国进口额和出口额骤降 50% 以上，经济陷入长期萧条。

国际贸易的重要性不言而喻，这份大家业需要各国一道用心呵护，需要在调整中不断做大做强，让每一方都有足够的获得感和舒适度。发言权确实也有美国一份，谁都无意于贬损美国世界第一大经济体的块头。但是，这绝不意味着大块头就拥有随心所欲、仗势欺人的权力。大家的事只能由大家商量着办。当家的不闹事。但愿美国能从这句充满东方智慧的大白话中有所醒悟，早日医治好自己有百害而无一利、到头来引火烧身的贸易盲动症。

（《人民日报》2018 年 7 月 8 日）

四、美国"贸易零和论"是一种危害世界的心魔

人民日报评论员

　　"试图用关税壁垒解决本国在多边贸易中的赤字问题,只会适得其反""美国政府绕开世贸组织对华加征关税将损害以规则为基础的国际贸易体系"……这几天,美方对中国产品强征关税的举动招致国际社会一片嘘声。

　　美国决策圈里未必没有人懂得这些道理。然而,其背后隐含着一种心魔:"国际贸易只有竞争、难有共赢""别国跑快了,美国就要受威胁;别国发展好了,美国就要遭殃"。美国这种"贸易零和论",违背规律,逆流而动,不仅冲击着中美经贸合作,也给整个世界经济带来很大的不确定性。

　　经贸合作的基石是优势互补,而非零和博弈。比较优势理论早已证明,一个开放的商品、服务和资本市场,将推动相关国家经济增长和繁荣。中美经贸合作正是这一理论的生动实践之一。尺有所短、寸有所长,作为全球最大发展中国家和最大发达国家,无论是发展阶段、经济结构还是资

源禀赋,中美均有很大差异,形成高度互补关系,为双方经贸合作提供了强大驱动力,美国擅长的高附加值设计、研发活动,能与中国具有优势的低成本生产、组装环节一拍即合,逐渐建立深度融合、相互依赖的利益共同体,这些现实基础决定了中美之间合则双赢、斗则俱伤。

经贸合作的本质是互利共赢,而非你输我赢。去年中美货物贸易额已达 5837 亿美元,是 1979 年两国建交时的 233 倍。让全世界看重的庞大中国市场,日益成为美国企业全球布局中的重要业务增长点和利润中心。美中关系委员会近期报告显示,对华出口为美国创造了 100 万个就业岗位。国际贸易史再三证明,单边保护主义是一项零和游戏,谁玩谁倒霉,除了引发贸易战,没有任何好处,既解决不了本国结构性问题,也保护不了本国工人的"饭碗",更会损害全球广大消费者利益。近期美方作茧自缚的玩火举动,只可能使更多美国企业失去中国这个全球瞩目的大市场,错过中国新一轮改革开放带来的更多机遇。

经贸合作推动共同繁荣,而非此消彼长。经济全球化是世界人民的福祉所系、利益所托,也是推动实现共同繁荣的强劲引擎。中美经贸合作是经济全球化的重要一环,有着巨大外部效应,关系到全球经济的稳定。作为国际经济大循环中的两个重要参与方,中美两国去年货物和服务进出口总额已分别占全球的 10.4% 和 11.4%,对世界贸易额增长的贡献合计达 18.6%。当前,全球经济复苏尤其需要稳定的全球投资贸易活动,美方一意孤行、乱舞贸易保护主义大棒,注定会搅乱国际贸易秩序,阻碍经济全球化发展进程。

当今世界,经济全球化深入发展,各国利益休戚相关,构建人类命运共同体是时代的呼唤、智慧的抉择。作为在世界经济版图上举足轻重的最大发达国家,美国更有责任和义务顺应时代潮流,秉持你好我好大家好的理念。奉行你输我赢、赢家通吃的旧逻辑,必然是想封上别人的门却堵住了自家的路,到头来损害的是本国利益,侵蚀的是自身发展根基。没有哪个国家能退回到封闭的状态,多"打开窗子",让"空气对流",以合作共赢作为基本价值取向,各国的经济增长才会更可持续。

"万物并育而不相害,道并行而不相悖。"然而,在零和思维操控下,"美国优先"正在演变为极端的利己主义。如果想凭借自身体量优势,以单边挑战多边、以强权挑衅规则,让他国牺牲本国核心利益为美国不合理的诉求埋单,这就是一种落后、过时的贸易观,实不足取。

世界足够大,容得下更多国家共同繁荣与发展。美国只有摒弃"贸易零和论",顺势而为,才有可能与全世界各国一道做大经贸合作蛋糕,给全世界各国人民带来更多福祉,创造更多发展红利。

（《人民日报》2018 年 7 月 9 日）

五、美国"贸易不平衡论"是一笔偏心的糊涂账

人民日报评论员

美国为自己的单边贸易保护主义行为找了很多理由,所谓"贸易不平衡论"就是其中之一。常言道,会说的不如会听的。国际贸易讲究你来我往、你情我愿,有赚头大家才会把生意做下去。多少年过来了,怎么"不平衡"时至今日才成了美国的一块心病?更吊诡的是,为什么美国这个实力最强的国家倒成了"不平衡"的"最大受害者"?莫非白宫前几位主人真的都乐此不疲地出卖本国利益,或者软弱得不敢跟贸易伙伴据理力争?

国际贸易怎么就不平衡了?白宫立论的依据主要有两点:一是跟他国做生意时,美国贸易逆差规模过大,已经到了不得不强力解决的程度;二是贸易伙伴对美国不公平、政策不对等,弄得美国经济利益受损,产业和就业遭殃。谈论贸易问题要拿数字说话。可偏偏就是在摆弄统计数字时,美国的计算器出了问题,不仅数字键按不准,运算程

序也变得逻辑混乱。以中美贸易为例，根据中国和美国政府机构专家组成的工作组测算结果，美国官方统计的对华贸易逆差被高估了 20% 左右。更令人难以信服的是，美国政府引用的贸易数据只包括货物贸易，并未反映服务贸易。美国服务业占 GDP 的 70% 以上，怎么算贸易账时会搞丢了这么一大块？道理很简单，美国服务贸易顺差不小，如果算进去，所谓的"贸易不平衡论"就更立不住了。

美国不肯将货物贸易和服务贸易放到一起讨论也就罢了，把货物贸易逆差单拉出来说事，也得求真务实地看看，是怎样走到今天这一步的。别人的东西你需要，二话不说出手买，自己的好东西攥在手里死活不肯拿出来，不出点逆差才怪呢！这样干下去，逆差非但没办法缩小，弄不好只会越来越大。中国经常项目顺差占 GDP 的比例已大幅下降，从 2007 年的 9.9% 降至 2017 年的 1.4%。但唯独中国对美国贸易顺差不降反升，其原因不辩自明。

做生意就会有数字产生，而且这些数字是不停变动的。就算是对美国来说有些数字没那么好看，有一点必须说清楚，即"贸易逆差 ≠ 利益逆差"。中国商务部发布的《关于中美经贸关系的研究报告》显示，全球价值链中，贸易顺差反映在中国，但利益顺差在美国。据统计，去年中国货物贸易顺差的 57% 来自外资企业，59% 来自加工贸易。中国从加工贸易中只赚取少量加工费,而美国在设计、零部件供应、营销等环节获利巨丰。在中美经贸合作中,美方大量进口源自中国的低成本劳动密集型产品,美国消费者得到的实惠看得见、摸得着,这也有利于美国抑制本国通货膨胀。

不刻意追求顺差是中国一以贯之的贸易原则。中国顺应人民日益增长的美好生活需要和经济高质量发展要求,积极扩大进口。7月1日,中国主动降低日用消费品关税,涉及税目1449个,平均降幅达55.9%。

其实,糊涂账未必都是糊涂人算出来的,有些糊涂账恰恰是聪明人算出来的,只不过算账人聪明得过了头、偏了心,美国"贸易不平衡论"这笔糊涂账也不例外。从宣扬"自由贸易"转向大谈所谓"公平贸易",美国的目的只有一个,就是让"美国优先"落地,让世界各国为美国独霸天下埋单。按照美国的所谓"公平贸易"主张,各国在每个具体产品的关税水平和每个具体行业的准入上都要与美国完全一致,达到绝对的对等。国际贸易史上,什么时候、哪些国家之间有过绝对的对等开放?关税水平和开放程度向来与发展阶段、资源禀赋、产业竞争力密切相关。美国所谓的公平贸易和对等开放,实质上否认了各国发展的差异性、阶段性,势必给发展中国家经济和产业带来巨大冲击,势必造成更大范围的不公平。

单边保护主义如同把自己关进黑屋子,看似躲过了风吹雨淋,却隔绝了阳光和空气。国际贸易的本质是互利共赢,国际贸易到底怎么搞,只能由各国商量着办。这是不容撼动的铁律。

(《人民日报》2018 年 7 月 10 日)

六、警惕美国单边保护主义设下的"冷战陷阱"

人民日报评论员

美国四面出击大打贸易战的负能量是多方面的,不仅严重危害全球产业链和价值链安全、阻碍经济复苏步伐,也带来让正常的世界经贸格局滑入贸易保护主义、单边主义"冷战陷阱"之险。对美国强征关税作出必要反击的同时,我们还需要拨云驱雾,消除美式论调给国际关系造成的毒害,确保全球治理体系不偏离正轨。

还是先来系统梳理一下美国开打贸易战之际的言行吧。

乱贴标签,将经贸问题泛政治化。美国政府先后发布《国家安全战略报告》和《国防战略报告》,将他国定义为"修正主义国家""战略竞争对手","经济胁迫""盗窃""掠夺""经济侵略"等对立性标签比比皆是。与此同时,美国还公然指责有关国家"虚伪""软弱",毫不遮掩拉不起队伍搞对抗的失落心理。

喜好单边,重拾尘封多年的"冷兵器"。去年 4 月,美国捡起弃用 16 年的 232 调查,先后对钢铁和铝产品、汽车和汽车零部件产品发起调查,并对除少数豁免国家以外的所有国家和地区加征关税。这些早就生了锈的"冷兵器",严重违背多边规则,搅得各国不得安生。

背信弃义,随意退出多边组织和协定。美国政府毫无国际法基本概念,视国家承诺与信誉为儿戏,动辄"退群",近年来退出了 TPP 协定、《巴黎协定》、联合国教科文组织、联合国人权理事会、《全球移民协议》、《关于伊朗核问题的全面协议》,这种任性是典型的好用就用、不好用就一脚踢开的实用主义。

蔑视多边,公然违反世贸规则。美国违反 1994 年《美国总统行政声明》关于以遵守世贸规则方式实施 301 制度的承诺、其在 1998 年欧盟诉美 301 制度世贸争端案件中的承诺、世贸组织关于最惠国待遇和约束税率的纪律,根据 301 调查结果对他国加征关税,反对启动上诉机构遴选程序,导致世贸组织面临上诉机构停摆。

肆意妄为,随意扩大解释国家安全。美国泛化国家安全概念,加强对先进技术的管控。在贸易方面,通过变换政策,不断加严对他国出口高新技术产品限制。在投资方面,美国以安全审查为由,频繁叫停他国企业在美的正常投资尤其是涉及高技术领域的投资。今年 6 月,美国国会参众两院通过所谓《外国投资风险审查现代化法案》,将外国投资者对美"关键技术"公司的投资纳入安全审查范围。

凡此种种,陈腐的冷战气息还不够浓烈吗?阴暗的对抗心态还不够明显吗?你输我赢的零和思维还不够偏执吗?不计后果的蛮横作派还不够惊悚吗?!

美国向来自诩为"全球化的倡导者""自由贸易的捍卫者",现如今,这届美国政府何以高举反经济全球化大旗,大搞单边保护主义?说到底,一些人总是跟不上历史前进的脚步,身体已进入 21 世纪,而脑袋还停留在冷战思维、零和博弈的旧时代。在这些人眼里,国际经贸往来无异于你兴我衰、你胜我败的残酷游戏,满目都是对手,威胁自然无处不在。原本是互利共赢,偏要解读成自己吃了大亏;原本可以坐下来好好商量,偏要四面树敌、死磕到底。身为国际经贸合作领域的大块头,美国如此行事,不仅搞得自己躁动不宁,也严重冲击多边经贸体制,毒化国际关系氛围。

其实,美国这么干是有深层考虑的。搞百无禁忌的"美国优先",怎么会没有众叛亲离的孤立感?面对来自世界各国的强力反弹,怎么会不陷入左支右绌的窘境?搞冷战,是要划分出清晰的阵营的。在白宫看来,只有锁定较劲的靶子,营造对抗的氛围,才有可能分化"美国优先"的反对者,拉起一支为其所用的队伍。

长达近半个世纪的冷战是怎样的一段岁月,这无需历史学家来描述。当今世界,各国政治家和广大民众对此都有切身感受。脆弱的和平、受阻的发展、恐惧的阴影、无望的未来……任何一个有理性的人都不愿回到那个不堪回首的时代。借单边保护主义将世界拖入"冷战陷阱",不过是某些人的一厢情愿罢了。

(《人民日报》2018 年 7 月 11 日)

七、美国升级贸易战是霸凌主义对世界的挑衅

人民日报评论员

　　美国白宫贸易政策完全失去了理性,其霸凌主义行径加速升级到令世人震惊的地步。当地时间 7 月 10 日,美方公布了拟对中国 2000 亿美元输美产品加征关税清单。

　　这是完全不可接受的,我们对此表示严正抗议。来而不往非礼也。为了维护国家核心利益和人民根本利益,中方将对美国发起的贸易战予以有力回击,采取必要反制措施。

　　历史反复证明,乱打贸易战无异于玩火,到头来只会是损人害己。白宫巨额加征关税清单甫一出炉,美国商会立即提出尖锐批评,认为这将提高美国家庭、农民、农场主和就业创造者的日常商品成本,还将进一步伤及美国工人。

　　然而,失去现实感的白宫已经听不进这些警告。一些人沉迷于单边保护主义不能自拔,甚至盲目乐观地认为"打贸易战是一件好事,而且很容易赢",臆想着通过极限

施压就能迫使中国放弃核心利益、作出无原则的让步。

白宫这种痴人说梦式的良好感觉从何而来？美国同中国打交道也不是一天两天了，面对外部压力，中国什么时候低过头、弯过腰？美国对中方不惹事也不怕事的大国外交风范领教得还不够吗？指望着中国吞下损害自身核心利益的苦果，注定是最大的战略误判。中国既不会在威胁和讹诈面前退让，也不会动摇捍卫全球自由贸易和多边体制的决心。

霸道蛮横、惟我独尊，美国升级贸易战不得人心。"利莫大于治，害莫大于乱。"一个有秩序的国际贸易体系，是世界各国的共同需要，也是全球经济增长的重要基石。美国一次次破坏贸易规则、搞乱世界经济，实属无理取闹。美国奉行贸易霸凌主义既伤经济，更毁形象，最终只会让自己身陷四面楚歌的尴尬境地。

罔顾历史、任性妄为，美国升级贸易战祸患无穷。当今时代，各国经济不同程度融入全球产业链、价值链，彼此之间相互依存、兴衰与共。立己达人方是正确抉择。固守"零和博弈"的陈旧思维，任性挑起贸易战，不仅损害当事双方利益，也伤及全球产业链上的各方利益。美国历史上多次对其他国家以关税相逼，结果不是冲击就业，就是订单大幅萎缩，让美国乃至世界经济陷入长期衰退。现在，美国不计后果的单边保护主义做法，不只是在伤害中国，伤害美国自己，也在伤害全世界。

国际社会对美国不负责任的贸易政策普遍表示担忧和愤慨。国际货币基金组织总裁拉加德指出，美国需要为世界贸易体系"关税之伤"承担后果；世贸组织总干事阿泽维多发出警告称，全球贸易体系正在开始动摇；美联储前主席格林斯潘认为，美国对外加征的关税，实际上是由美国国民在埋单；英国央行行长卡尼指出，美国将成为全面贸易战的最大输家……美国的贸易霸凌主义如同疯狂的藤蔓，任其野蛮生长，世界经济终将被一步步拖入衰退的泥淖。

"不管风吹浪打，胜似闲庭信步。"无论外界环境如何变化，中国都会凝心聚力办好自己的事情，按照既定节奏，坚持以人民为中心，坚定推进改革开放，坚定推进经济高质量发展，加快建设现代化经济体系。新一轮改革开放推动下，中国经济韧性十足、动力澎湃、潜能无限、前景光明。我们完全有能力有底气应对任何风险挑战，将外部压力转化为高质量发展的内在动力。中国将一如既往地同国际社会一道，共同维护自由贸易规则和多边贸易体制，共同回击美国贸易霸凌主义行径，打赢这场单边主义与多边主义、保护主义与自由贸易、强权与规则之战。

（《人民日报》2018 年 7 月 12 日）

八、美国不应将世界经济拖入"衰退陷阱"

人民日报评论员

对世界经济史来说，十年并不是一个很长的时间段。许多人一定还记得，世界经济在美国华尔街引发的国际金融危机中风雨飘摇时，人们喊出的"信心比黄金更重要"这句话饱含了多少焦虑和不安。

十年后的今天，世界经济复苏的势头远不如人们期许的那样强劲，信心的极端重要性并未减弱。然而，正如国际货币基金组织总裁拉加德所言，"笼罩世界经济的乌云正变得越来越重，最大和最重的乌云是信心的恶化"。恶化人们对世界经济发展前景信心的源头来自何方？只要随手翻一翻各国的报章，读一读那些有关美国同贸易伙伴大打贸易战忧心忡忡的报道，答案再清楚不过地摆在人们面前。

国际贸易是世界经济增长的重要一环，美国公开违反世贸规则，大范围挑起贸易争端，势必破坏全球贸易秩序，危害世界经济增长。世界银行上月初发布报告指出，全球关税广泛上升将会给全球贸易带来重大负面影响,对新兴市场和发展中经济体的影响尤为明显,特别是那些与美国贸易或金融市场关联度较高的经济体。权威人士预测,如果关税回到 GATT/WTO(关贸总协定和世贸组织)之前的水平,世界经济将立即收缩 2.5%,全球贸易量将削减 60%以上,负面影响超过 2008 年国际金融危机。

美国发动贸易战对全球价值链形成冲击,并通过各国经贸之间的相互关联,产生广泛的溢出效应,影响世界经济有效运行。国际货币组织今年 4 月发出警告说,关税和非关税贸易壁垒的增加将破坏全球价值链,减缓新技术扩散,导致全球生产率和投资下降。随着美国不断升级贸易战,全球市场信心受到强烈冲击,股市、汇市加剧波动,多国企业信心指数下滑。

贸易战向来是一把双刃剑,美国不可能不为自己失去理性的单边保护主义行径付出沉重代价。中国为了维护国家核心利益和人民根本利益,已经对美国强行加征关税做出有力反击。在此之前,欧盟已从 6 月 22 日起对价值 28 亿欧元的美国产品加征关税,加拿大则于本月 1 日起对126 亿美元的美国产品征收报复性关税……美国国家纳税人联盟、美国商会及众多有识之士纷纷指责白宫发起的贸易战对美国人来说是“就业杀手”,损害的是美国产品竞争力和广大民众的利益。

美国是头号发达国家,绝大部分美国人都过着衣食无忧的生活。把世界经济搞乱了,美国人的日子自然也会受影响,但总不至于基本保障都成问题吧?白宫决策者由着性子打贸易战时,想过这对发展中国家的穷人来说意味着什么吗?世贸组织总干事阿泽维多明确表示,贸易战对所有人都有害,但穷人将损失高达 63% 的购买力。

无论是在道义层面上讲,还是从国际规则角度看,美国都没有权力给世界经济制造"衰退陷阱"。

美国不是惯于谈论"国际责任"和"全球公共产品"吗?经济全球化深入发展的今天,各国利益深度交织在一起。营造良好的国际合作环境、增强世界经济复苏的势头、稳定人们对发展前景的信心,这是每一个国家不可或缺的国际责任。无论美国炮制出怎样的理论依据来遮掩辩解,说破了天也没有人会相信违反世贸规则大打贸易战不是极具破坏性的所谓"全球公共产品"。美国是全球第一大经济体,无论是体量还是强势货币地位都决定了其政策走向对世界经济有着巨大牵动作用。这一切都不是过高的要求,也不是可有可无的自选项,而是美国不可推卸的责任和必须有的担当。道理简单得很,大就要有大的样子!

地球村不是蒙昧的原始部落,贸易霸凌主义永远都不可能写入村规民约。地球村里的事情不能一家说了算,一家说了也不可能算。

(《人民日报》2018 年 7 月 13 日)

九、"反契约陷阱"给世界经济带来失序风险

人民日报评论员

尽管历史上美国也会不时将自己当成国际社会特殊一员破坏规矩,但令世人瞠目的是,这届美国政府高举"美国优先"大旗,将其长期视为社会核心价值的契约精神弃若敝屣,毫无顾忌地滑向"反契约陷阱"。

众所周知,自愿缔结契约、重信守诺是现代市场经济的重要基础。各国之间基于契约精神,推动生产要素优势互补、自由流动,促进了经济全球化的发展。多年以来,发达国家与发展中国家按照经济规律和商业自愿原则,形成先进技术与低廉劳动力、自然资源等经济要素大循环,推动全球经济增长。然而,今天的白宫罔顾这一基本历史事实,频频发表言论指责现行国际规则不公平,让美国吃了亏。中美经贸往来完全是基于市场原则,中美企业间技术交流合作完全是基于商业契约,白宫却无端对中国实施 301 调查并加征关税。这种行为既不遵守作为国际规则缔约方的履

约义务,也不尊重作为经贸合作主体的企业的契约成果,不守商业信用,扰乱了全球分工与合作,破坏了市场经济重信守诺的根基。

公平竞争是市场经济发展的重要基石,是促进市场作用有效发挥的重要前提。通过行政权力干预企业合法、自主经营权,会扰乱市场秩序、扭曲资源配置。最近一年多时间里,美国大搞投资限制,先后否决多起外资并购交易。美国政府甚至开始直接干预和影响美国企业和外国企业具体投资经营活动,侵犯企业自主选择的权利。比如在经营地选择上,白宫强压美国福特汽车公司改变全球设厂布局策略,对哈雷摩托海外设厂公开提出威胁。这有违美国长期实行的市场经济公平竞争原则,干扰了市场和企业预期,破坏了跨境资本有序流动。

自由平等、开放包容是现代市场经济的传统理念,是经济全球化的重要原则。这届美国政府不断损害传统政治经济等核心价值理念,使得单边贸易保护主义、孤立主义、民粹主义思潮沉渣泛起。对经贸领域存在的问题,美国不从自身找原因,把责任一股脑推给别人;明明是自己不守规矩,却总是绕开国际组织私自宣判别人违规;不仅不承担作为全球唯一超级大国的责任,还将其国内法置于国际法之上,将国内矛盾向外转移,引发全球性争端和经济失序风险。美国政府一方面无视美国企业在华经营中获取了大量利润,另一方面又担心美企投资中国被要求"强制性技术转让"会影响其技术领先优势;一方面希望中国企业对美投资为其创造新的"饭碗",另一方面又担心"政府干预下获取先进技术和知识产权"的行为,给中美企业间技术合作设置重重障碍。种种只想捞好处、不想担义务的行为,严重影响了企业正常贸易投资活动,增加了企业经营的不确定性,不利于美国吸引外资,不利于美国企业分享全球经贸蛋糕,同时也抬高了美国居民消费成本。

良好的秩序是一切美好事物的基础。经济全球化之所以能够造福各国人民,一个重要原因就是经过长久努力和不断磨合构建起包括国际经贸规则在内的一整套制度架构。对于世界经济这样一个庞大的体系,秩序更是如同阳光和空气之于生命一样,须臾不可或缺。以契约精神遵守维护国际规则,是世界各国的共同责任和义务。

据世贸组织争端裁决的研究报告,美国这个头号经济体是迄今为止世贸成员中的最大"不守规矩者",世贸组织2/3的违规都是由美国引起。于己有利就用,于己不利就一脚踢开,是典型的实用主义,也是一种战略短视。

（《人民日报》2018 年 7 月 14 日）

十、"恐怖陷阱"冲击全球产业链和价值链

人民日报评论员

"因为预计美国将与几乎其他所有国家发生长期贸易战,全球股市跌入恐慌""美国政府的贸易行动和已经公布的意图,预示未来更广泛的混乱"。随着美国对世界开火的劲头越来越足,恐慌情绪在全球市场四处弥漫。

白宫以单边贸易保护主义行径制造"恐怖陷阱",肆意冲击全球产业链和价值链,这丝毫不意味着美国有独霸天下的实力,更不是什么值得窃喜甚至炫耀的事情。人们注意到,美国国内的焦虑情绪在不断滋长。《华盛顿邮报》等有影响力的媒体进行的民调显示,高达73%的受访者担心贸易战伤及自身。

产业转移和技术外溢是经济全球化进程中的必然现象,是发达国家利益实现的重要途径。这不仅延长了技术领先的跨国公司依靠相对落后或者标准化了的技术来赚取利润的时间,也为这些公司新技术的研发应用腾出空间,间

接分担了研发成本。在当前由跨国公司主导的全球分工体系中,技术外溢的最大受益者是以美国为代表的发达国家。中国政府从来没有强制要求跨国公司转移技术给中国企业,即使有技术转移的情况,也是合资企业之间正常、平等的商业契约行为,中国企业为此付出了相应的对价。2017年中国对外支付的知识产权使用费高达286亿美元,美国继续保持最大的支付对象地位。美国政府以"强制技术转让"为由威胁对中国采取相应制裁和限制措施不仅站不住脚,而且具有十分恶劣的示范效应。广大发展中国家通过正常国际贸易投资推进工业化和现代化,是一项基本的发展权利。

美国单方面把国内法延伸到国际事务中,动辄制裁别国,并要求其他国家的企业也必须服从美国国内法,使正常开展国际贸易和投资业务的各国企业暴露在巨大风险中,随时可能遭受美国制裁。事实一再证明,美国判定一家企业是否违法以及实施何种制裁的标准往往夹带政治目的,毫无合理性、客观性、公正性可言。美国滥用长臂管辖搅乱了国际经贸秩序,对各国企业都是一个巨大的威胁。

基于全球产业链和价值链进行投资布局,是企业的正常经营行为,也是市场经济的基本规律。然而,本届美国政府不惜滥用"卖国者"标签,以"威胁加税"等方式反复施压,要求跨国企业回流美国。这种对跨国公司的恐吓与胁迫,粗暴干预了企业的正常商业决策,扭曲和破坏着全球市场经济。

世界经济已经形成紧密联系、深度交融的分工格局,各国发挥比较优势、相互合作,构成高效运转的全球产业链和价值链。美国违反世贸规则对贸易伙伴加征关税,实际是对全球产业链上所有国家的企业征税,也包括在贸易伙伴国开展经营活动的美资企业。关税和非关税贸易壁垒的增加将减缓新技术的扩散,导致全球生产率和投资下降。全球产业链和价值链如同世界经济的经脉,一旦发生混乱甚至断裂,世界经济无疑会元气大伤,恢复进程将十分缓慢。

白宫通过打压正常技术外溢、滥用长臂管辖、对跨国公司进行政治勒索等行径制造的"恐怖陷阱",严重冲击全球产业链和价值链,给世界经济复苏前景蒙上浓厚阴影。随着时间的推移,人们对白宫掀起的这股反全球化逆流危害性的认识在不断加深。击退美国贸易霸凌主义、打赢当前这场单边主义与多边主义、保护主义与自由贸易、强权与规则之战,是对世界各国企业和人民共同利益的维护,也是对加快形成更加公平合理的国际经贸秩序的有力推动。

（《人民日报》2018 年 7 月 15 日）